FOM-Edition

Kompakt

Reihe herausgegeben von

FOM Hochschule für Oekonomie & Management, Essen, Deutschland

Bücher, die relevante Themen aus wissenschaftlicher Perspektive beleuchten, sowie Lehrbücher schärfen das Profil einer Hochschule. Im Zuge des Aufbaus der FOM gründete die Hochschule mit der FOM-Edition eine wissenschaftliche Schriftenreihe, die allen Hochschullehrenden der FOM offensteht. Sie gliedert sich in die Bereiche Lehrbuch, Fachbuch, Sachbuch, International Series sowie Dissertationen. Seit 2023 ergänzen zudem die Reihen FOM-Edition Kompakt und FOM-Edition Studium kompakt, mit denen komprimierte Inhalte kurzfristig herausgegeben werden können, das Portfolio.

Die Reihe FOM-Edition Kompakt ist thematisch breit gefächert. Die Bände der Reihe behandeln in knappem, schnell rezipierbarem Umfang hochaktuelle Themen und gegenwärtige Fragestellungen, die es Leserinnen und Lesern aus Wissenschaft und Praxis ermöglichen, sich schnell auf den neuesten Stand zu bringen.

Markus H. Dahm · Max Seiter

Künstliche Intelligenz in der Cloud

DSGVO-konforme Nutzung von KI-Technologien in Cloud-Umgebungen

Markus H. Dahm iD
FOM Hochschule
Hamburg, Deutschland

Max Seiter
Digital Beat GmbH
Köln, Deutschland

ISSN 2625-7114　　　　　　　　ISSN 2625-7122 (electronic)
FOM-Edition
ISSN 2947-2032　　　　　　　　ISSN 2947-6232 (electronic)
Kompakt
ISBN 978-3-658-50787-9　　　　ISBN 978-3-658-50788-6 (eBook)
https://doi.org/10.1007/978-3-658-50788-6

Die Deutsche Nationalbibliothek verzeichnet diese Publikation in der Deutschen Nationalbibliografie; detaillierte bibliografische Daten sind im Internet über https://portal.dnb.de abrufbar.

Springer Gabler ist ein Imprint der eingetragenen Gesellschaft Springer Fachmedien Wiesbaden GmbH und ist ein Teil von Springer Nature.
Die Anschrift der Gesellschaft ist: Abraham-Lincoln-Str. 46, 65189 Wiesbaden, Germany

Wenn Sie dieses Produkt entsorgen, geben Sie das Papier bitte zum Recycling.

Was Sie in diesem Band der FOM-Edition Kompakt finden können

- Eine fundierte Einführung in Chancen und Herausforderungen des KI-Einsatzes in Cloud-Umgebungen
- Eine realistische Bewertung typischer Business-Cases und Quick Wins für cloudbasierte KI-Systeme
- Klar verständliche Erläuterungen zu personenbezogenen Daten, Datenflüssen und DSGVO-relevanten Aspekten
- Einen kompakten Überblick über die geltenden Rechtsgrundlagen: DSGVO, KI-Verordnung (KI-VO, auch AI Act genannt) und nationale Vorgaben
- Konkrete Hinweise zu technischen und organisatorischen Schutzmaßnahmen wie Verschlüsselung, Anonymisierung und Monitoring
- Praktische Empfehlungen zur vertraglichen Absicherung gegenüber Cloud- und KI-Anbietern
- Hilfreiche Einblicke in Rollenverteilungen, Verantwortlichkeiten und notwendige interne Strukturen (z. B. KI- und Datenschutzbeauftragte)
- Detaillierte Betrachtungen zu internationalen Datenflüssen und Drittstaatentransfers
- Praxisbeispiele aus unterschiedlichen Branchen, die zeigen, wie cloudbasierte KI datenschutzkonform eingesetzt werden kann
- Einen kompakten Entscheidungsbaum, der Sie bei der datenschutzkonformen Einführung und Bewertung von cloudbasierter KI unterstützt

Vorwort

Im aktuellen Diskurs rund um den Einsatz von Künstlicher Intelligenz lässt sich beobachten, dass es gerade bei KI-Systemen, die als „datenschutzkonform" beworben werden, häufig an kritischer Auseinandersetzung fehlt. Begriffe wie „Privacy by Design", „DSGVO-ready" oder „Trustworthy AI" werden inflationär verwendet, ohne dass geklärt ist, welche Anforderungen tatsächlich erfüllt sind – technisch wie rechtlich und in der Nutzung durch Unternehmen.

In der Praxis zeigt sich immer wieder, dass Unternehmen KI-Anwendungen in Cloud-Umgebungen implementieren, ohne die Datenflüsse genau zu kennen oder Risiken systematisch zu bewerten. Die fehlende Transparenz vieler Modelle, unklare Verantwortlichkeiten und der Einfluss externer Anbieter erschweren die rechtskonforme Gestaltung erheblich.

Dieses Buch versteht sich als kompakter Beitrag zur Versachlichung der Debatte. Es ermöglicht Entscheidungsträgern, bestehende KI-Vorhaben aus einer datenschutzrechtlichen Perspektive realistisch einzuschätzen, ohne Alarmismus, aber auch ohne Schönfärberei.

Die vorliegende Ausgabe der FOM-Edition Kompakt konzentriert sich dabei bewusst auf zentrale Herausforderungen und praktische Lösungsansätze. Sie ersetzt keine vollständige rechtliche oder technische Fachberatung, ermöglicht aber einen fundierten Einstieg in die Thematik – sachlich, praxisorientiert und verständlich.

Hamburg, Deutschland
im Januar 2026

Markus H. Dahm
Max Seiter

Inhaltsverzeichnis

Über die Autoren

Prof. Dr. Markus H. Dahm, MBA ist Dipl.-Kfm. und hat im Internationalen Marketing promoviert. Heute ist er Organisationsentwicklungsexperte und Berater für Strategiefragen, Digital Change & Transformation. Ferner lehrt und forscht er an der FOM Hochschule für Oekonomie & Management in den Themenfeldern Künstliche Intelligenz, Digital Management und Change Management. Er publiziert regelmäßig zu Management und Leadership-Fragestellungen in wissenschaftlichen Fachmagazinen, Blogs, Online-Magazinen und der Wirtschaftspresse. Er ist Autor und Herausgeber zahlreicher Bücher sowie Ambassador des ARIC Artificial Intelligence Center Hamburg.

Max Seiter ist Senior CRM Systems Manager bei der Digital Beat GmbH. Er verantwortet die operative Umsetzung und Weiterentwicklung technischer Systeme rund um Automatisierung, Zahlungsabwicklung, Analytics und Support. Darüber hinaus bringt er seine Praxiserfahrung als Referent in Lehrgängen wie KI Manager und KI Marketing Professional ein. Er studierte dual an der FOM Hochschule Marketing & Digitale Medien (B.A.) sowie Business Consulting & Digital Management (M.Sc.).

Nutzen und Einsatzszenarien von cloudbasierter KI

1

Seit der Antike ringen Menschen mit der Frage, wie sich menschliches Handeln durch Regeln begrenzen lässt. Heute stellt sich diese Frage neu, nicht für den Menschen, sondern für die Maschinen, die wir geschaffen haben. Künstliche Intelligenz (KI)[1] trifft Entscheidungen, lernt aus Daten, beeinflusst Leben.

Zunehmend wird die Wirtschaft weltweit von KI geprägt. Die rasante Entwicklung von KI-Technologien hat in den letzten Jahren zu einer zunehmenden Demokratisierung von KI geführt (vgl. Buxmann & Schmidt, 2021, S. 208 f.). KI und Maschinelles Lernen (im Folgenden abgekürzt als ML)[2] sind nicht völlig neue Technologien, doch erst in jüngster Zeit hat ihre Verwendung exponentiell zugenommen und sie stehen vermehrt im Fokus der Medien. Zahlreiche alltägliche Funktionen, sowohl privat als auch beruflich, werden von KI/ML unterstützt, oft ohne dass Nutzer dies bemerken (vgl. Buxmann & Schmidt, 2021, S. 24).

KI-Software wird selten lokal auf einzelnen Computern installiert, sondern überwiegend über Cloud-Plattformen bereitgestellt. Unternehmen greifen dabei entweder auf eigenständige KI-Dienste (Software) zurück, die direkt über das Internet zugänglich sind, oder integrieren KI-Funktionen in ihre bestehenden Cloud-basierten Services (Funktionen).[3] Neben der API (Application Programming

---

[1] Sammelbegriff für Methoden, die Maschinen befähigen, Aufgaben auszuführen, die menschliche Intelligenz erfordern, von regelbasierten Expertensystemen bis zu lernenden neuronalen Netzen.

[2] Teilgebiet der KI, bei dem Systeme aus Beispieldaten Muster ableiten und Entscheidungen treffen, statt feste Regeln vorgegeben zu bekommen.

[3] Software as a Service (SaaS) bezeichnet fertige Anwendungen, die direkt per Browser oder App genutzt werden. Installation, Wartung und Skalierung liegen vollständig beim Anbieter.

M. H. Dahm, M. Seiter, *Künstliche Intelligenz in der Cloud*, FOM-Edition, https://doi.org/10.1007/978-3-658-50788-6_1

Interface)[4]-Integration gibt es weitere Möglichkeiten, KI in Cloud-Umgebungen zu nutzen, wie beispielsweise die Verwendung von Software Development Kits (SDKs), vorgefertigten Plugins, Managed Services oder No-Code-/Low-Code-Plattformen. Diese vielfältigen Integrationsmöglichkeiten ermöglichen es Unternehmen, leistungsstarke KI-Technologien flexibel und kosteneffizient einzusetzen, ohne umfangreiche lokale Infrastrukturen aufbauen zu müssen. Zudem profitieren sie von der kontinuierlichen Weiterentwicklung und Aktualisierung der KI-Dienste durch die Cloud-Anbieter, was den Zugang zu den neuesten technologischen Fortschritten sicherstellt. Durch die nahtlose Einbindung von KI in Cloud-Umgebungen können Geschäftsprozesse optimiert, innovative Lösungen schneller implementiert und die Wettbewerbsfähigkeit gesteigert werden.

Die zunehmende Einbindung von KI-Technologien in Cloud-Umgebungen, bspw. mit Microsoft Azure oder Amazon Web Services (AWS), bietet Unternehmen erhebliche Vorteile in Bezug auf Skalierbarkeit und Innovationsfähigkeit (vgl. Gillhuber et al., 2023, S. 116). Innerhalb von 30 min können Unternehmen mit Azure oder AWS ihre Funktionen und Server eigenständig in der Cloud konfigurieren (vgl. Frank et al., 2019, S. 9). Gleichzeitig stellen sich jedoch Herausforderungen im Hinblick auf den Datenschutz und die Einhaltung rechtlicher Rahmenbedingungen.

Unternehmen müssen sicherstellen, dass sie bei der Integration von KI-Diensten in Cloud-Umgebungen den Schutz personenbezogener Daten gewährleisten. Dies ist besonders anspruchsvoll, da Cloud-Umgebungen oft global verteilt sind und Daten möglicherweise in unterschiedlichen Rechtsräumen verarbeitet werden. Zudem sind KI-Systeme häufig komplex und intransparent, was die Nachvollziehbarkeit der Datenverarbeitung erschwert (vgl. Stowasser, 2023, S. 4). Neben den Systemen an sich ergeben sich aber auch Fragestellungen zu eigenen Trainingsdaten,[5] also ob Daten der Mitarbeitenden im betrieblichen Zusammenhang auch für das Training von KI-Modellen genutzt werden dürfen, die Mitarbeitende ggf. in Zukunft ersetzen könnten (vgl. Knees, 2024). Die Herausforderung besteht darin, die Vorteile von KI und Cloud Computing[6] zu nutzen, ohne dabei die Datenschutzanforderungen zu vernachlässigen.

---

[4] Standardisierte Programmschnittstelle, über die zwei Softwaresysteme kontrolliert Daten austauschen. Eine Anwendung sendet eine Anfrage und erhält ein Ergebnis, ohne die interne Logik des anderen Systems kennen zu müssen.

[5] Beispieldaten, aus denen ein ML-Modell während des Trainings Muster lernt. Qualität und Repräsentativität dieser Daten bestimmen maßgeblich die Modellleistung.

[6] Bereitstellung von Rechenleistung, Speicher und Software über vernetzte Rechenzentren. Die physische Infrastruktur bleibt für Nutzerinnen und Nutzer unsichtbar; abgerechnet wird nach Verbrauch.

1.1   Nutzen, Business-Case und Quick Wins

Rechenleistung und Speicherplatz sind dank Cloud-Anbietern so kostengünstig und flexibel verfügbar wie nie zuvor. Ebenso fördern neue Geschäftsmodelle, bei denen Unternehmen wie Google, IBM, Microsoft oder SAP KI-Services über Pay-per-Use-Modelle anbieten, die Verbreitung und Anwendung von KI-Technologien in der Praxis. So nutzen Journalisten KI-gestützte Tools, um tausende Dokumente zu durchsuchen und Muster zu erkennen, die manuell kaum zu bewältigen wären. Ein bekanntes Beispiel ist hier der Einsatz bei der Aufdeckung der Panama Papers (vgl. Heinlein & Huchler, 2024, S. 154 f.).

Immer mehr Unternehmen nutzen mittlerweile KI im Arbeitsalltag. Bei der Würth-Gruppe, einem Hersteller für Montagetechnik, haben alle 35.000 Mitarbeitende im Außendienst Zugriff auf den hauseigenen Sprachassistenten „Pico". Per Sprachsteuerung können die Mitarbeitenden so automatisiert Rechnungen an Kunden verschicken (vgl. Buchenau, 2024). Unternehmen wie Siemens und Bayer nutzen KI nicht nur intern, sondern entwickeln mit KI-Technologen sogar ganz neue Geschäftsmodelle, welche den Cloud-Marktplätzen zur Verfügung gestellt werden (vgl. Holzki, 2024).

Auch kleine und mittlere Unternehmen profitieren zunehmend von KI-Anwendungen, die über Cloud-Dienste einfach integriert werden können, sei es durch automatisierte Kundenkommunikation, intelligente Terminplanung oder vorausschauende Wartung. Quick Wins entstehen vor allem dort, wo repetitive Aufgaben automatisiert, Prozesse beschleunigt oder bessere Entscheidungen durch datenbasierte Analysen getroffen werden.

Der Schlüssel liegt darin, die bestehenden Workflows im Unternehmen bewusst zu dokumentieren. Wenn ein Prozess so klar beschrieben ist, dass ihn auch eine neue Mitarbeiterin bzw. ein neuer Mitarbeiter mit einer einfachen Schritt-für-Schritt-Anleitung durchführen kann, dann ist er meist auch reif für eine KI-gestützte Umsetzung. Beispiele sind das Erstellen von Angeboten, das Bearbeiten von Kundenanfragen oder die Prüfung von Formularen. Das sind alles Aufgaben, die heute bereits von KI-Systemen übernommen oder zumindest sinnvoll unterstützt werden können. Wer also frühzeitig beginnt, seine Abläufe zu strukturieren und zu analysieren, schafft die ideale Grundlage für eine skalierbare und praxisnahe KI-Nutzung.

1.2   Typische Einsatzszenarien in Unternehmen

KI wird in Unternehmen zunehmend funktional gedacht, also weniger als abstraktes Innovationsprojekt, sondern als Werkzeug zur Lösung ganz konkreter Aufgaben. Im Zentrum stehen dabei, wie bereits erwähnt, wiederkehrende, standardisierte Tätigkeiten, bei denen Daten verarbeitet, Entscheidungen getroffen oder Inhalte erstellt werden. Die Einsatzmöglichkeiten ziehen sich durch nahezu alle Unternehmensbereiche.

Viele dieser Anwendungsfälle lassen sich bereits heute mit sogenannten AI as a Service Angeboten (AIaaS)[7] abdecken. Große Cloud-Anbieter wie Google, Microsoft oder Amazon bieten eine Vielzahl direkt nutzbarer KI-Funktionen an, die Unternehmen flexibel in ihre Prozesse integrieren können, ganz ohne eigenes KI-Training. Dazu gehören zum Beispiel Dienste zur automatisierten Texterkennung, Übersetzung, Sprachverarbeitung, Bilderkennung, Stimmungsanalyse oder Vorhersage von Wahrscheinlichkeiten.

Ob eine E-Mail zusammengefasst, ein Schadensbild ausgewertet oder ein Bewerbungsanschreiben kategorisiert wird, die zugrunde liegenden Funktionen unterscheiden sich technisch kaum, kommen aber in unterschiedlichen Abteilungen zum Einsatz. So kann ein und derselbe Textklassifizierungsdienst sowohl im Recruiting, im Support als auch im Compliance-Bereich eine Rolle spielen.

Manche Anbieter verkaufen im Kern lediglich die Standardfunktionen großer Cloud-Plattformen, etwa von AWS, weiter, versehen sie mit einer eigenen Oberfläche und schlagen einen deutlichen Aufpreis auf. Für Unternehmen lohnt es sich deshalb zu prüfen, ob ein Dienst echten Mehrwert durch Spezialisierung oder Integration bietet, oder ob er nur eine teurere Verpackung bereits vorhandener Basisdienste ist.

Es geht nicht immer um den „großen Wurf", sondern oft um viele kleine Optimierungen entlang bestehender Prozesse. Überall dort, wo strukturierte Daten, wiederkehrende Entscheidungen oder standardisierte Abläufe vorhanden sind.

---

[7]AI as a Service bietet vorkonfigurierte KI-Bausteine, etwa Bilderkennung oder Sprachverarbeitung, über das Internet an. Unternehmen integrieren diese Funktionen direkt in eigene Anwendungen, ohne selbst Modelle entwickeln zu müssen.

1970 entstand in Hessen das weltweit erste Datenschutzgesetz (vgl. Holzki, 2024), und auch die EU nimmt weltweit eine Vorreiterrolle im Datenschutz ein, indem sie mit strengen Vorgaben den Schutz personenbezogener Daten auch bei Übermittlungen in Drittländer sicherstellt (vgl. Mühleis & Akinci, 2024, S. 144). Datenschutz hat das Ziel, die bzw. den Einzelnen vor Schädigungen seines Persönlichkeitsrechts zu beschützen, die durch den Umgang mit personenbezogenen Daten entstehen können (vgl. Lissen et al., 2014, S. 31).

Personenbezogene Daten sind Informationen, die eine Person direkt oder indirekt identifizierbar machen, etwa Name, Geburtsdatum, Adresse, E-Mail, Telefonnummer, Bank- sowie IP- oder Standortdaten. Erst die Kombination einzelner Angaben schafft oft den Personenbezug (vgl. Mühleis & Akinci, 2024, S. 73 f.). Die DSGVO gilt nur bei Verarbeitung personenbezogener Daten, nicht für rein generative KI-Anwendungen ohne Personenbezug. Sie schützt ausschließlich natürliche Personen, nicht Unternehmen oder Vereine.

2.1 Datenschutz-Grundverordnung

Im Jahr 2016 finalisierte die EU die General Data Protection Regulation, kurz GDPR. In Deutschland ist dieses Gesetz unter dem Namen Datenschutz-Grundverordnung (DSGVO) bekannt. Im Kern sorgt sie dafür, dass die Person, deren Daten erfasst werden, die Kontrolle darüber ausüben kann (vgl. Strümke, 2024, S. 130). Die DSGVO regelt KI-Systeme nicht gesondert, weshalb zur Bestimmung des Personenbezugs die allgemeine Definition aus Art. 4 Nr. 1 herangezogen wird (vgl. Keber et al., 2024, S. 7).

M. H. Dahm, M. Seiter, *Künstliche Intelligenz in der Cloud*, FOM-Edition, https://doi.org/10.1007/978-3-658-50788-6_2

Unternehmen riskieren erhebliche finanzielle Strafen bei Nichteinhaltung von Datenschutzgesetzen, wie hohe Bußgelder gegen Google, Amazon und Facebook zeigen. Zusätzlich können durch die Umsetzung der DSGVO Nutzerzahlen und Umsätze sinken, da Nutzer sich von Cookie-Hinweisen gestört fühlen und weniger Vertrauen in die Datenverarbeitung haben. Um diese Risiken zu mindern, ist es wichtig, Transparenz zu schaffen und den Verbraucherinnen und Verbrauchern Kontrolle über ihre persönlichen Daten zu geben (vgl. Krämer & Mauer, 2023, S. 8–10).

Unternehmen müssen einen Datenschutzbeauftragten ernennen, wenn ihre Hauptaktivitäten umfangreiche und regelmäßige Datenverarbeitungen erfordern oder sie sensible personenbezogene Daten verarbeiten. Die oder der Beauftragte muss fachlich geeignet sein (vgl. Voigt & von dem Bussche, 2024, S. 5). Datenschutzbeauftragte sollten nicht gleichzeitig als KI-Beauftragte agieren. Diese Doppelrolle ist nicht verboten, führt aber zu Konflikten, da sie beraten und gleichzeitig kontrollieren müssten. Eine solche Doppelrolle führt zu einem Interessenkonflikt, ähnlich wie in der Wirtschaftsprüfung, wo eine Wirtschaftsprüfungsgesellschaft nicht gleichzeitig beraten und prüfen sollte. Wer Prozesse mitgestaltet, kann sie nicht neutral überwachen. Für eine wirksame Datenschutzkontrolle braucht es daher eine klare Trennung der Rollen.

Wenn in einer KI-Anwendung keinerlei personenbezogene Daten verarbeitet werden, weder als Eingabe durch die Benutzerin bzw. den Benutzer noch als Ausgabe oder im Rahmen der Anmeldung, greift das Datenschutzrecht nicht. Dennoch ist Vorsicht geboten, da ein Personenbezug nicht nur durch offensichtliche Merkmale entstehen kann (vgl. Konferenz der unabhängigen Datenschutzaufsichtsbehörden, 2024, S. 3). Ein Personenbezug kann aber auch vorliegen, wenn eine natürliche Person durch zusätzliche Informationen identifizierbar ist, selbst wenn diese Informationen nicht direkt beim Verantwortlichen vorliegen. Dabei sind verfügbare Technologien und mögliche Zugriffsmöglichkeiten auf diese Informationen zu berücksichtigen (vgl. Keber et al., 2024, S. 7 f.).

Rechtmäßigkeit der Verarbeitung

Art. 6 DSGVO erlaubt Datenverarbeitung nur bei Vorliegen einer Rechtsgrundlage, z. B. Einwilligung, Vertragserfüllung, rechtliche Pflicht, Schutz lebenswichtiger Interessen, öffentliche Aufgabe oder berechtigtes Interesse (vgl. Art. 6 Abs. 1 DSGVO). Das Grundrecht auf Datenschutz wird dabei mit anderen Interessen abgewogen. Für KI-Trainingsdaten ist eine individuelle Einwilligung oft unmöglich.

Daher wird häufig Art. 6 Abs. 1 lit. f DSGVO („berechtigtes Interesse") als praktikable Grundlage genutzt, sofern die Rechte der Betroffenen nicht überwiegen.

Die Datenschutzkonferenz empfiehlt, sicherzustellen, dass Ein- und Ausgabedaten von KI-Anwendungen nicht ohne ausdrückliche Zustimmung der Betroffenen oder ohne eine geeignete Rechtsgrundlage für Trainingszwecke verwendet werden. Anwendungen, die keine Verarbeitung dieser Daten zu Trainingszwecken vorsehen, werden als datenschutzrechtlich vorzugswürdig eingestuft (vgl. Konferenz der unabhängigen Datenschutzaufsichtsbehörden, 2024, S. 6 f.).

Transparenz

Unternehmen, die cloudbasierte KI zur Verarbeitung personenbezogener Daten einsetzen, müssen Betroffenen klar mitteilen, welche Daten zu welchem Zweck und auf welcher Rechtsgrundlage verarbeitet werden, wie lange sie gespeichert bleiben, ob automatisierte Entscheidungen erfolgen, an wen und in welche Länder Daten übermittelt werden und welche Rechte bestehen (vgl. Art. 12, 13–22, 34 DSGVO). Die technische Komplexität eines KI-Modells entbindet nicht von dieser Pflicht. Datenflüsse und Entscheidungswege sind nachvollziehbar zu dokumentieren. Ein „Blackbox"[1]-Verweis gilt nicht, da fehlende Transparenz Umsetzungs-, nicht Technologiefrage ist.

Art. 12 DSGVO verlangt präzise, verständliche und leicht zugängliche Informationen. Anfragen zu Betroffenenrechten sind binnen eines Monats, in Ausnahmefällen binnen drei Monaten, kostenfrei zu beantworten. Der Grundsatz der Transparenz (Art. 8 Abs. 2 EU-Grundrechtecharta) sichert Nachvollziehbarkeit, Kontrolle und Selbstbestimmung über personenbezogene Daten (vgl. Simitis et al., 2025, S. 49 f.).

---

[1] Der Begriff „Blackbox" wird oft verwendet, um KI-Systeme zu beschreiben, deren Entscheidungen nicht vollständig nachvollzogen werden können. Genau genommen gibt es diese totale Undurchsichtigkeit aber selten. Zwar ist es in komplexen Modellen, wie neuronalen Netzen, schwer zu verstehen, wie genau einzelne Entscheidungen zustande kommen. Aufbau und Trainingsdaten sind jedoch meist dokumentiert. Der Begriff „Blackbox" ist deshalb eher ein Schlagwort als eine technische Beschreibung.

Zweckbindung

Die Zweckbindung (Art. 5 Abs. 1 lit. b DSGVO) verpflichtet Unternehmen, personenbezogene Daten nur für festgelegte, eindeutige und legitime Zwecke zu verarbeiten. Eine Weiterverarbeitung zu nicht kompatiblen Zwecken ist nur unter engen Voraussetzungen erlaubt. Klare, dokumentierte Zwecke verhindern willkürliche Datennutzung, schützen Betroffene und dienen als Nachweis gegenüber Aufsichtsbehörden.

Datenminimierung

Der Grundsatz der Datenminimierung (Art. 5 Abs. 1 lit. c DSGVO) verlangt, dass der Umfang der Datenverarbeitung dem Zweck entspricht und nicht über das notwendige Maß hinausgeht (vgl. Mühleis & Akinci, 2024, S. 76). Auch bei datenintensiven KI-Anwendungen gilt: keine strengere Reduktion, sondern Beschränkung des Grundrechtseingriffs auf das erforderliche Maß, sofern keine weniger eingriffsintensive Alternative besteht (vgl. Seitz, 2023, S. 95 ff.).

Richtigkeit der Daten

Der Grundsatz der Richtigkeit (Art. 5 Abs. 1 lit. d DSGVO) verpflichtet Unternehmen, personenbezogene Daten korrekt und aktuell zu halten. Ungenaue oder veraltete Daten sind unverzüglich zu berichtigen oder zu löschen. Historische, zweckgebundene Daten dürfen unverändert bleiben (vgl. Voigt & von dem Bussche, 2024, S. 168). Ziel ist die Vermeidung von Fehlern, Fehlprognosen und Diskriminierung durch geeignete Prozesse und Technologien zur kontinuierlichen Sicherung der Datenqualität.

Integrität, Vertraulichkeit und Rechenschaftspflicht

Der Grundsatz der Integrität und Vertraulichkeit (Art. 5 Abs. 1 lit. f DSGVO) verlangt Schutz personenbezogener Daten vor unbefugtem Zugriff, Verlust und Manipulation durch technische und organisatorische Maßnahmen wie Verschlüsselung, Zugangskontrollen und regelmäßige Sicherheitsprüfungen. Unzureichende

Anonymisierung, etwa nur partielles Verpixeln, birgt Reidentifikationsrisiken. Es erfordert immer robuste Methoden.

Die Rechenschaftspflicht (Art. 5 Abs. 2 DSGVO) verpflichtet Unternehmen, die Einhaltung aller Datenschutzprinzipien nachzuweisen, z. B. durch Verarbeitungsverzeichnisse, Datenschutz-Folgenabschätzungen und Audits. KI-Einsätze mit personenbezogenen Daten sind nur bei klaren Vorgaben, dokumentierter Verarbeitung und erfasster Tätigkeit im Verzeichnis datenschutzkonform.

Betroffenenrechte

Betroffene haben nach der DSGVO umfassende Rechte, um die Kontrolle über ihre personenbezogenen Daten zu behalten. Dazu gehören das Auskunftsrecht (Art. 15 DSGVO), das eine klare, verständliche und barrierefreie Information über gespeicherte Daten und deren Verarbeitung verlangt (vgl. Art. 12 DSGVO; Simitis et al., 2025, Art. 15, Rn. 13–17; Hilchenbach & Dimov, 2023). Das Recht auf Berichtigung (Art. 16 DSGVO) verpflichtet Unternehmen, falsche oder unvollständige Daten ohne Bagatellgrenze zu korrigieren, auch in KI-Systemen, z. B. durch Nachtraining (vgl. Simitis et al., 2025, Art. 16, Rn. 11 f.; Konferenz der unabhängigen Datenschutzaufsichtsbehörden, 2024, S. 7 f.). Das Recht auf Löschung (Art. 17 DSGVO) greift u. a. bei Zweckfortfall, Widerruf der Einwilligung oder unrechtmäßiger Verarbeitung (vgl. Simitis et al., 2025, Art. 17, Rn. 10–14) und zwingend bei Widerspruch gegen Direktwerbung (Art. 21 Abs. 2 DSGVO). Filterlösungen gelten nicht als Löschung (vgl. Rossow, 2024). Aktuell wird OpenAI in den USA verpflichtet, ChatGPT-Daten trotz Löschanfrage zu speichern, ausgenommen nur Zero-Data-Retention-, Enterprise- und EDU-Kunden (vgl. Lightcap, 2025).

Das Recht auf Einschränkung (Art. 18 DSGVO) erlaubt die Verarbeitung nur in engen Ausnahmefällen (vgl. Simitis et al., 2025, Art. 18, Rn. 11 ff.). Das Recht auf Datenübertragbarkeit (Art. 20 DSGVO) ermöglicht eine maschinenlesbare Bereitstellung und Übertragung der Daten, was bei ML-Anwendungen technisch herausfordernd ist (vgl. Konferenz der unabhängigen Datenschutzaufsichtsbehörden, 2024, S. 8; Müller-Peltzer, 2018).

Das Widerspruchsrecht (Art. 21 DSGVO) gilt besonders für Direktmarketing und erfordert nur geringe Anforderungen an die Darlegung der „besonderen Situation" (vgl. Simitis et al., 2025, Art. 21, Rn. 7). Schließlich dürfen bei automatisierten Entscheidungen (Art. 22 DSGVO) rechtlich oder erheblich folgenschwere Entscheidungen nicht ausschließlich maschinell getroffen werden, außer in engen Ausnahmefällen mit ausdrücklicher Einwilligung (vgl. Konferenz der unabhängigen Datenschutzaufsichtsbehörden, 2024, S. 5).

2.2   KI-VO

Die Europäische Kommission veröffentlichte am 21. April 2021 einen Gesetzentwurf zur Regulierung von KI-Systemen (vgl. Block, 2023, S. 29). Am 2. Februar 2024 gab das deutsche Bundesministerium für Justiz bekannt, dass die EU-Mitgliedstaaten die Verordnung zur Harmonisierung der KI einstimmig verabschiedet haben. Während einige die KI-Verordnung (englisch: AI Act) als wichtigen Fortschritt betrachten, äußern andere Bedenken, dass sie die KI-Entwicklung in Europa bremsen könnte (vgl. Wendt et al., 2024, S. 40).

Die KI-VO ist ein Produktsicherheitsgesetz der EU und Teil des Neuen Rechtsrahmens (New Legislative Framework), der seit 2008 für einheitliche Produktsicherheitsstandards sorgt. Ziel ist es, Risiken für Gesundheit und Sicherheit durch klare Vorschriften zu minimieren. Wie andere EU-Verordnungen umfasst sie Konformitätsprüfungen, eine EU-Konformitätserklärung und die CE-Kennzeichnung für rechtskonforme Produkte. Zusätzlich stellt die Marktüberwachungsverordnung (EU-Verordnung Nr. 1020 aus dem Jahr 2019) sicher, dass KI-Systeme vor ihrer Markteinführung geprüft und überwacht werden (vgl. Voigt & Hullen, 2024, S. 1 f.).

Die KI-VO gilt für spezifische KI-Systeme sowie für KI-Modelle mit allgemeinem Verwendungszweck, sogenannte General-Purpose AI-Modelle (GPAI-Modelle). Diese Modelle zeichnen sich durch ihre vielseitige Anwendbarkeit in unterschiedlichen Bereichen aus (vgl. Voigt & Hullen, 2024, S. 3).

Die KI-VO enthält Regelungen, um KMU zu entlasten und ihre Innovationskraft zu stärken. Artikel 11 erlaubt vereinfachte Formulare für die technische Dokumentation. Artikel 62 gewährt priorisierten Zugang zu KI-Reallaboren, Schulungen und harmonisierten Normen. Zudem müssen Konformitätsbewertungsgebühren proportional zur Unternehmensgröße sinken. Artikel 99 legt fest, dass Geldbußen für KMU niedriger ausfallen. Artikel 63 ermöglicht Kleinstunternehmen ein vereinfachtes Qualitätsmanagementsystem, solange die Schutzziele gewahrt bleiben. Zusätzlich werden Programme wie Horizont Europa und die AI-on-Demand-Plattform für KMU verstärkt zugänglich gemacht (vgl. Voigt & Hullen, 2024, S. 22 ff.).

Die KI-VO und die DSGVO zielen beide darauf ab, die Grundrechte natürlicher Personen zu schützen (vgl. Voigt & Hullen, 2024, S. 63). Während die DSGVO den Fokus auf den Schutz personenbezogener Daten legt, ergänzt die KI-VO dies durch spezifische Anforderungen für den Einsatz von KI-Systemen, insbesondere im Hinblick auf den Schutz vor den Folgen aus der KI-Nutzung (vgl. Dahm & Twesten, 2023, S. 41).

Während die DSGVO Transparenz über die Verarbeitung personenbezogener Daten fordert, zielt die KI-VO darauf ab, die Blackbox-Eigenschaften von KI-Systemen für die beteiligten Akteure zu reduzieren, indem nachvollziehbare Entscheidungsprozesse und klare Informationen über die Funktionsweise der KI bereitgestellt werden (vgl. Ballestrem et al., 2020, S. 16). Beide Gesetze schaffen einen Rahmen für die geregelte Datennutzung (vgl. Kreutzer, 2023, S. 102).

Die DSGVO regelt ausschließlich den Schutz und die Verarbeitung personenbezogener Daten, während die KI-VO konkret KI-Nutzung, auch wenn keine personenbezogenen Daten verarbeitet werden, reguliert. Beide Verordnungen können gleichzeitig auf ein KI-System anwendbar sein, wie bei einem Musik-Streamingdienst, der personenbezogene Daten verarbeitet, oder nur separat, wie bei einem KI-gestützten Sicherheitsbauteil in der Energieversorgung ohne personenbezogene Datenverarbeitung (vgl. Globocnik, 2024).

Risikobasierter Ansatz

Die KI-VO verfolgt einen risikobasierten Ansatz, bei dem Vorschriften abhängig vom Gefährdungspotenzial eines KI-Systems ausgestaltet werden (vgl. Art. 26 Abs. 1 KI-VO). Hochrisiko-KI-Systeme müssen vor dem Inverkehrbringen eine Konformitätsbewertung durchlaufen (vgl. Art. 43 Abs. 1 KI-VO), eine technische Dokumentation enthalten und Verfahren zur Risikoüberwachung umsetzen (vgl. Art. 11 Abs. 1 KI-VO).

Bestimmte Anwendungen sind verboten, darunter manipulative Techniken, die Autonomie einschränken oder Schäden verursachen können (vgl. Art. 5 Abs. 1 lit. a KI-VO). Ein Beispiel ist der Einsatz von Webcams und Spracherkennung in Callcentern zur Emotionserkennung bei Mitarbeitenden (vgl. Bundesnetzagentur, 2025). Ebenso untersagt sind soziale Bewertungssysteme, die zu Diskriminierung führen (vgl. Art. 5 Abs. 1 lit. c KI-VO).

Für KI-Systeme mit direkter Interaktion gelten Transparenzpflichten: Nutzende müssen darüber informiert werden, dass sie mit einer KI interagieren, z. B. durch Kennzeichnung bei Chatbots (vgl. Art. 52 Abs. 1 KI-VO). Diese Vorgaben sind besonders relevant, da in allen Risikobereichen regelmäßig personenbezogene Daten verarbeitet werden.

Trennung von Anbieter und Betreiber

Ein Anbieter ist jede Person oder Organisation, die ein KI-System entwickelt, entwickeln lässt, vertreibt oder unter eigenem Namen/Marke einsetzt, unabhängig von einer Kostenpflicht (vgl. Art. 3 Abs. 3 KI-VO). Der Begriff entspricht dem Hersteller in anderen Rechtsakten und ist im Produktsicherheits-, Produkthaftungs- und Marktüberwachungsrecht verankert (vgl. Martini & Wendehorst, 2024, Art. 3 Abs. 3 KI-VO Rn. 64).

Ein Betreiber nutzt ein KI-System eigenverantwortlich, sofern dies nicht rein privat geschieht (vgl. Art. 3 Abs. 4 KI-VO). Anders als ähnliche Begriffe in anderen Rechtsakten bezeichnet er primär einen Akteur mit Schutzpflichten gegenüber Dritten, ähnlich dem Betreiber im Anlagenrecht (vgl. Martini & Wendehorst, 2024, Art. 3 Abs. 4 KI-VO Rn. 80).

Nutzen Unternehmen ein vortrainiertes KI-Modell unverändert mit Standardeinstellungen, gelten sie als Betreiber im Sinne der KI-VO als verantwortlich für die ordnungsgemäße Nutzung und Überwachung. Erfolgt jedoch Finetuning[2] mit unternehmensspezifischen Daten, wird das Unternehmen rechtlich zum Anbieter eines eigenen KI-Systems mit zusätzlichen Pflichten.

Gerade bei sensibler Kundenkommunikation ist zu prüfen, ob durch Anpassungen neue Verpflichtungen entstehen und ob die dafür genutzten Daten geeignet und zulässig sind.

2.3   Nationale Vorgaben

Neben der europaweit geltenden Datenschutz-Grundverordnung (DSGVO) existieren in Deutschland zusätzliche rechtliche Vorgaben, die beim Einsatz von KI-Systemen in Cloud-Umgebungen berücksichtigt werden müssen. Zu den wichtigsten zählen das Bundesdatenschutzgesetz (BDSG) sowie branchenspezifische Regelungen, etwa aus dem Sozial-, Gesundheits- oder Finanzwesen. Diese Vorschriften konkretisieren oder ergänzen die DSGVO.

Datenschutz-Compliance kann nicht allein auf Basis der DSGVO beurteilt werden. Vielmehr ist eine kontextbezogene Prüfung erforderlich, die nationale und branchenspezifische Rahmenbedingungen einbezieht, insbesondere dann, wenn besonders sensible Datenarten verarbeitet werden.

---

[2]Nachtraining eines bereits vortrainierten Modells auf domänenspezifische Daten. Dadurch passt sich das Modell an Fachsprache oder interne Dokumente an, ohne komplett neu trainiert zu werden.

Bundesdatenschutzgesetz

Das Bundesdatenschutzgesetz (BDSG) dient in erster Linie der nationalen Umsetzung und Ergänzung der DSGVO. Es enthält spezifische Vorschriften, die für bestimmte Konstellationen der Datenverarbeitung in Deutschland maßgeblich sind, etwa im Beschäftigtendatenschutz, bei Videoüberwachung oder bei der Verarbeitung zu wissenschaftlichen Zwecken.

Beschäftigtendatenschutz

Der Beschäftigtendatenschutz ist in § 26 BDSG geregelt und stellt eine Ergänzung zur DSGVO dar. Diese Vorschrift erlaubt die Verarbeitung personenbezogener Daten von Beschäftigten, wenn dies für die Begründung, Durchführung oder Beendigung eines Beschäftigungsverhältnisses erforderlich ist (vgl. § 26 Abs. 1 BDSG). Zusätzlich regelt § 26 Abs. 2 BDSG die Verarbeitung von Daten auf Basis einer Einwilligung, wobei diese freiwillig und informiert erfolgen muss. Der Beschäftigtendatenschutz orientiert sich an den Grundsätzen der Zweckbindung und Verhältnismäßigkeit, wie sie auch in der DSGVO verankert sind (vgl. § 26 Abs. 2 BDSG).

Automatisierte Entscheidung und Profiling

Das BDSG konkretisiert die DSGVO-Vorgaben zu automatisierten Entscheidungen und Profiling. § 37 BDSG erlaubt automatisierte Einzelentscheidungen nur unter bestimmten Bedingungen, beispielsweise wenn sie durch gesetzliche Vorschriften gedeckt oder für die Erfüllung eines Vertrags erforderlich sind. Diese Regelungen tragen dazu bei, den Schutz der Rechte betroffener Personen bei automatisierten Prozessen zu gewährleisten, die zunehmend im digitalen Arbeitsumfeld eingesetzt werden (vgl. § 37 BDSG).

Einschränkungen von Betroffenenrechten

In den Paragrafen 34 und 35 BDSG werden Einschränkungen der Rechte betroffener Personen, wie das Auskunftsrecht (vgl. § 34 BDSG) und das Recht auf Löschung (vgl. § 35 BDSG), geregelt. Diese Einschränkungen kommen zur Anwendung, wenn beispielsweise gesetzliche Aufbewahrungspflichten (z. B. bei Rechnungen) oder überwiegende schutzwürdige Interessen eines Dritten entgegenstehen (vgl. § 34–35 BDSG).

Aufsichtsbehörden und deren Aufgaben

Die Aufgaben und Befugnisse der Datenschutzaufsichtsbehörden sind in den Paragrafen 9 bis 16 BDSG geregelt. Diese Bestimmungen ergänzen die DSGVO, indem sie die nationale Organisation und Zuständigkeit der Aufsichtsbehörden definieren. Die Behörden überwachen die Einhaltung der Datenschutzvorschriften, beraten Verantwortliche und bearbeiten Beschwerden von betroffenen Personen. Zudem regelt das BDSG die Zusammenarbeit zwischen den Aufsichtsbehörden auf nationaler Ebene, um eine einheitliche Durchsetzung der Datenschutzanforderungen zu gewährleisten (vgl. § 9–16 BDSG).

2.4　Internationale Datenflüsse

Schon einfache Szenarien, etwa das Hosting eines Large-Language-Models in einer US-Region oder die Nutzung eines europäischen Content-Delivery-Netzwerks mit Knoten weltweit, führen dazu, dass personenbezogene Informationen den Schutzraum der Europäischen Union verlassen. Damit geraten die Vorgaben der Art. 44 ff. DSGVO in den Fokus. Jeder „Export" personenbezogener Daten in ein Drittland ist nur zulässig, wenn das Schutzniveau dort „im Wesentlichen gleichwertig" zu dem der EU ist.

Seit dem Schrems-II-Urteil des EuGH (C-311/18) ist der regulatorische Rahmen zudem stark in Bewegung. Angemessenheitsbeschlüsse (z. B. Japan, Südkorea, jüngst das EU-U.S. Data Privacy Framework) können jederzeit politisch oder gerichtlich in Frage gestellt werden. Standardvertragsklauseln (SCC) gelten weiterhin als wichtigstes Transfer-Instrument, erfordern aber eine begleitende Risikoanalyse (z. B. Transfer Impact Assessment). Für besonders sensible oder großskalige KI-Projekte fordern Aufsichtsbehörden vermehrt zusätzliche technische Garantien (Ende-zu-Ende-Verschlüsselung, Mandantentrennung[3] etc.).

---

[3] Technische und organisatorische Maßnahmen, die sicherstellen, dass Daten verschiedener Kunden („Mandanten") innerhalb einer Cloud-Umgebung strikt voneinander getrennt bleiben. Dies schützt die Vertraulichkeit und Integrität personenbezogener Daten und reduziert das Risiko unbefugter Zugriffe.

EU-U.S. Data Privacy Framework

Die Nutzung von cloudbasierten KI-Diensten führt oft dazu, dass personenbezogene Daten in Drittländer außerhalb der Europäischen Union übertragen werden. Drittländer sind Staaten außerhalb des Europäischen Wirtschaftsraums, die nicht der DSGVO unterliegen und eigene Datenschutzgesetze haben. Damit personenbezogene Daten dennoch geschützt bleiben, müssen Unternehmen beim Datentransfer in diese Länder sicherstellen, dass ein angemessenes Schutzniveau besteht (vgl. Kneuper, 2021, S. 123 f.).

Mit dem Trans-Atlantic Data Privacy Framework gibt es seit Juli 2023 ein neues Abkommen, das den Transfer erleichtert, jedoch nur für US-Unternehmen, die zertifiziert sind. Unternehmen müssen daher vor der Datenübermittlung prüfen, ob ihr Anbieter in der offiziellen Liste (www.dataprivacyframework.gov/list/) ist und alle Datenschutzanforderungen erfüllt (vgl. Mühleis & Akinci, 2024, S. 141).

Wenn für ein Drittland kein Angemessenheitsbeschluss der EU-Kommission besteht, müssen Unternehmen alternative Schutzmaßnahmen ergreifen, um personenbezogene Daten dorthin zu übermitteln.

Standardvertragsklauseln

Standardvertragsklauseln (englisch Standard Contractual Clauses, kurz SCC) nach Art. 46 Abs. 2 c DSGVO sichern Datentransfers in Staaten ohne Angemessenheitsbeschluss ab (Beschluss (EU) 2021/914). Sie bestehen aus einem Basisteil und vier Modulen für unterschiedliche Transferkonstellationen. Neue SCCs, die speziell auf bisherige Unsicherheiten eingehen, werden für 2025 erwartet, um Lücken in der bisherigen Regelung zu schließen (vgl. Petersen, 2024).

Seit Schrems II reicht der SCC-Abschluss allein nicht aus, zusätzlich ist ein Transfer-Impact-Assessment erforderlich. Bei hohem Risiko sind technische und organisatorische Zusatzmaßnahmen wie Verschlüsselung Pflicht.

Cloud- und KI-Szenarien erfordern eine vollständige Offenlegung der Lieferkette, sichere Löschung/Anonymisierung und ggf. vertragliche Regelung gemeinsamer Verantwortlichkeiten nach Art. 26 DSGVO. SCC sind Teil eines kontinuierlichen Risikomanagements. Unternehmen müssen Aktualität, Zertifizierungen und Rechtsprechung laufend prüfen.

Transfer Impact Assessment

Ein Transfer Impact Assessment (TIA) ist eine verpflichtende Risikoanalyse vor Datentransfers in Drittstaaten ohne Angemessenheitsbeschluss. Zunächst werden Datenfluss, Zweck, technische Route und Beteiligte exakt beschrieben. Anschließend wird geprüft, ob das Recht im Empfängerland, inkl. Behördenzugriffen, Gerichtswegen und Rechtsbehelfen, ein mit der DSGVO vergleichbares Schutzniveau zulässt und ob vertragliche Schutzmechanismen (z. B. SCCs) praktisch durchsetzbar sind.

Intransparenz bei Serverstandorten oder Datennutzung (z. B. „Verbesserung unserer Dienste") erhöht das Risiko und erfordert zusätzliche Schutzmaßnahmen oder den Transferverzicht. Das Ergebnis, inkl. aller Abwägungen und Zusatzmaßnahmen, muss schriftlich dokumentiert, regelmäßig aktualisiert und auf Anfrage vorgelegt werden. Zulässig ist der Transfer nur bei vertretbarem Restrisiko.

Standortwahl als Datenschutzfaktor

Viele Cloud-Anbieter wie Microsoft, Amazon oder Google betreiben EU-Rechenzentren, in denen Speicherung, Datenverkehr und technische Protokolle vollständig im EWR bleiben. Das erleichtert die DSGVO-Compliance und reduziert rechtliche Risiken.

Im globalen Modell verteilt der Anbieter Aufgaben flexibel weltweit, oft günstiger, aber mit Datentransfers in Drittstaaten. Dann sind zusätzliche Verträge, Risikoanalysen und Schutzmaßnahmen wie starke Verschlüsselung nötig. Einige Unternehmen kombinieren beides. Sensible Daten bleiben in der EU, weniger kritische Workloads werden international verarbeitet, die Trennung muss jedoch klar dokumentiert werden.

Sonderfälle: UK, Schweiz, China und APAC

UK hat seit 2021 einen EU-Angemessenheitsbeschluss, zuletzt bis 27.12.2025 verlängert. Fällt er weg, sind SCCs oder Binding Corporate Rules nötig. Die geplante „Data-Bridge" mit lockereren Regeln könnte das EU-Review belasten.

Die Schweiz bietet laut EU-Prüfung Anfang 2024 weiterhin ein gleichwertiges Datenschutzniveau, Exporte bleiben ohne Zusatzgarantien möglich.

China verlangt vor Auslandstransfers eine Sicherheitsprüfung oder Zertifizierung. Lockerungen 2024 gelten nur für Kleinstmengen oder bestimmte HR-Transfers. KI-Trainingsdaten überschreiten meist den Schwellenwert.

In APAC gilt: Japan (seit 2019) und Südkorea (seit 2022, inkl. Unterauftragnehmer) haben Angemessenheitsstatus. Singapur und Australien nutzen APEC-CBPR, das aus EU-Sicht unzureichend ist. APEC-CBPR steht für Asia-Pacific Economic Cooperation Cross-Border Privacy Rules System und ist ein freiwilliges Datenschutzrahmenwerk.

Geringste Rechtsbarrieren bestehen aktuell in UK, Schweiz, Japan und Südkorea. China sowie Teile Süd- und Südostasiens erfordern dagegen strenge, fortlaufend geprüfte Vertrags- und Kontrollmechanismen.

Technische Schutzmaßnahmen 3

Nachdem die vorangegangenen Kapitel gezeigt haben, warum Datenschutz im Kontext von cloudbasierter KI essenziell ist und welche rechtlichen Pflichten sich aus DSGVO, KI-VO sowie nationalen Regelungen ergeben, stellt sich nun die Frage: Wie lassen sich diese Anforderungen in der täglichen Praxis technisch umsetzen?

3.1 Datenminimierung

Wenn Unternehmen personenbezogene Daten mithilfe von KI verarbeiten, sollten Prinzipien der Datenminimierung und Zweckbindung beachtet werden, sodass personenbezogene Daten nur in dem Umfang genutzt werden, der unbedingt erforderlich ist. Cloud-Anbietern sollten daher keine personenbezogenen Daten für die Modellverbesserung oder das Training neuer KI-Modelle bereitgestellt werden, es sei denn, dies wurde ausdrücklich vereinbart und es liegt eine rechtliche Grundlage vor (vgl. Mühleis & Akinci, 2024, S. 197).

Unternehmen müssen außerdem sicherstellen, dass personenbezogene Daten nicht länger als nötig in der Cloud gespeichert werden. Es reicht bspw. bei KI-Anwendungen im Kundensupport oder der automatisierten Analyse von Anfragen oft aus, Daten nur temporär zu speichern und sie nach Abschluss der Verarbeitung zu löschen oder zu anonymisieren.

Dauerhafte Speicherung personenbezogener Daten ist nur in Ausnahmefällen erforderlich, etwa wenn es gesetzliche Aufbewahrungspflichten gibt oder Daten für interne Qualitätsanalysen zwingend benötigt werden. Hierbei muss die Speicherung aber auch nicht in einem KI-System erfolgen. In vielen Fällen genügt eine

M. H. Dahm, M. Seiter, *Künstliche Intelligenz in der Cloud*, FOM-Edition, https://doi.org/10.1007/978-3-658-50788-6_3

kurzfristige Zwischenspeicherung, um Datenschutzrisiken zu minimieren. Unternehmen sollten klare Richtlinien zur Datenlöschung definieren und diese technisch durchsetzen. Am besten speichert man direkt bei der Erhebung eines Datensatzes im selbigen auch ab, wann dieser wieder gelöscht wird.

3.2   Pseudonymisierung und Anonymisierung

Pseudonymisierung und Anonymisierung senken das Risiko und erleichtern die Einhaltung der DSGVO. Bei der Pseudonymisierung werden direkte Identifikatoren, etwa Name oder E-Mail-Adresse, durch Platzhalter ersetzt, die sich über eine separate Zuordnung zurückverfolgen lassen. Der Personenbezug bleibt daher theoretisch bestehen, sodass die DSGVO weiterhin greift, das praktische Risiko aber sinkt. Anonymisierung entfernt jeden Bezug zu einer Person. Ist eine Re-Identifizierung technisch und rechtlich ausgeschlossen, fallen die Daten nicht mehr unter die DSGVO. Zu beachten ist, dass schon der Vorgang der Anonymisierung eine Verarbeitung darstellt und eine Rechtsgrundlage nach Art. 6 DSGVO erfordert.

Welche Methode sinnvoll ist, hängt vom Zweck ab. Für laufende Prozesse wie KI-gestützte Ticketzusammenfassungen im Kundensupport ist Pseudonymisierung nötig, weil der Bezug zum Originalfall herstellbar sein muss. Für Training, Analyse oder Forschung bietet eine echte Anonymisierung, oder der Einsatz synthetischer Daten, klare Vorteile, da sie internationale Datentransfers vereinfacht und Betroffenenrechte wie Löschung oder Auskunft ohne Eingriffe ins Modell ermöglicht.

3.3   Verschlüsselung und Schlüsselmanagement

Verschlüsselung sorgt dafür, dass vertrauliche Daten vor unbefugtem Zugriff geschützt sind, sowohl wenn sie gespeichert werden als auch wenn sie übertragen werden. Nutzt ein Unternehmen eine Cloud-Software (z. B. für E-Mails oder Kundendaten), ist in der Regel der Anbieter dafür verantwortlich, dass alles sicher verschlüsselt wird. Das Unternehmen selbst muss aber prüfen, ob diese Sicherheitsmaßnahmen im Vertrag zugesichert sind und regelmäßig erneuert werden.

Betreibt ein Unternehmen dagegen eigene Anwendungen in der Cloud, zum Beispiel auf Plattformen wie AWS oder Azure, ist es selbst dafür verantwortlich, die Daten zu schützen. Es muss dann selbst sicherstellen, dass jede Datenbank, jede Dateiablage und jede Verbindung verschlüsselt ist.

In der Praxis bedeutet das: Die Schlüssel zum Entschlüsseln der Daten werden in einem besonders geschützten Bereich in Europa (z. B. in einem Hardware-Sicherheitsmodul) gespeichert. Daraus werden automatisch immer wieder neue, nur kurz gültige Zugangsschlüssel erzeugt und regelmäßig ersetzt. Dieses Verfahren, bekannt als Schlüsselrotation mit HSM/KMS, ist eine anerkannte Sicherheitsmaßnahme nach dem Stand der Technik und dient als Nachweis für den geforderten Schutz gemäß DSGVO.

3.4 Modellstrategien: Klassisches Finetuning vs. RAG-Ansatz

Beim Finetuning fließen sämtliche Trainingsbeispiele, oft inklusive personenbezogener Mail-Texte, Chat-Logs oder Support-Tickets, direkt in die Gewichtungen des Modells ein. Damit verschmelzen die Daten untrennbar mit den Parametern. Möchte eine betroffene Person später ihr Recht auf Löschung geltend machen, müsste das Modell entweder neu trainiert oder aufwendig gepatcht werden. Gleiches gilt für Berichtigung und Auskunft, weil sich nicht mehr exakt nachvollziehen lässt, welche Passagen in welchem Layer gespeichert wurden. Finetuning ist deshalb nur dann vertretbar, wenn sich das angestrebte Ergebnis nicht durch ein milderes Mittel erreichen lässt und eine Datenschutz-Folgenabschätzung bestätigt, dass die Vorteile die erhöhten Risiken überwiegen.

RAG wählt den umgekehrten Weg. Das vortrainierte Sprachmodell bleibt unangetastet. Bei jeder Anfrage greift es live auf eine separate, versionierbare Wissensdatenbank zu. Personenbezogene Inhalte liegen damit außerhalb des Modells, können gezielt gelöscht, berichtigt oder temporär gesperrt werden, ohne dass ein Retraining nötig ist. Zugleich lässt sich durch Filter oder Pseudonymisierung sicherstellen, dass überhaupt nur jene Informationen in den Index gelangen, die für den Zweck erforderlich sind, ein unmittelbarer Gewinn für den Grundsatz der Datenminimierung. Wer also Kundendaten, Mitarbeiterakten oder sonstige sensible Texte verarbeiten muss, erreicht mit RAG höchste fachliche Flexibilität und hält Betroffenenrechte technisch erfüllbar. Finetuning bleibt reserviert für Spezialfälle, in denen ausschließlich anonyme oder synthetische Trainingsdaten vorliegen oder ein klar belegbarer Mehrwert keine praxistaugliche Alternative offenlässt.

3.5   Getrennte Datenbereiche, klare Zugriffsrechte und kein blindes Vertrauen

Auch wenn viele Unternehmen dieselbe Cloud nutzen, müssen ihre Daten so getrennt sein, als hätte jeder seine eigene Festplatte. Das nennt man Mandantentrennung. Die Anbieter sorgen dafür, dass die Daten und Programme der einzelnen Kunden nicht miteinander vermischt werden. Trotzdem sind es am Ende nur logische Trennungen auf denselben Servern, also auf denselben echten Festplatten. Unternehmen müssen prüfen, ob es trotzdem ein Risiko gibt, dass fremde Daten eingesehen werden könnten, und ob es bessere Alternativen gibt. Wenn das nicht möglich ist, gilt diese Trennung in der Cloud aber weiterhin als sicher genug.

Damit auch innerhalb des Unternehmens nicht jeder auf alles zugreifen kann, gibt es klare Rollen und Rechte. Wer nur etwas anschauen darf, kann nichts verändern. Wer ein Programm aktualisieren soll, darf nicht gleichzeitig auf sensible Daten zugreifen. Und niemand behält diese Rechte für immer, sie werden automatisch wieder entzogen, wenn sie nicht mehr gebraucht werden. So wird vermieden, dass sich über die Zeit zu viele Rechte ansammeln.

In modernen IT-Systemen wird niemandem automatisch vertraut, auch nicht innerhalb des eigenen Netzwerks. Jeder Zugriff, jede Anfrage, jede Verbindung muss überprüft und bestätigt werden, so als würde man sich jedes Mal neu ausweisen. Das nennt man Zero Trust. Nur wenn alle drei Bausteine, getrennte Datenbereiche, rollenbasierte Zugriffssteuerung und kein automatisches Vertrauen, zusammen umgesetzt werden, lässt sich sicherstellen, dass nur berechtigte Personen oder Programme auf die Daten zugreifen. Genau das verlangt auch die DSGVO, dass nachvollziehbar ist, wer wann auf welche Daten zugreifen konnte und wer eben nicht.

3.6   Aufzeichnen, Überwachen und schnell reagieren, wenn etwas passiert

Damit ein Unternehmen im Ernstfall nachweisen kann, was genau passiert ist, muss jede Nutzung der cloudbasierten KI protokolliert werden. Es wird festgehalten, wann welche Daten verarbeitet wurden, wer darauf zugegriffen hat und was die KI geantwortet hat. Diese Informationen landen in einem zentralen, fälschungssicheren Logbuch. Die Anbieter wie Amazon, Microsoft oder Google bieten dafür spezielle Dienste an. Das Unternehmen muss entscheiden, welche Ereignisse unbedingt aufgezeichnet werden, ob dabei persönliche Daten anonymisiert werden sollen und wie lange die Aufzeichnungen aufbewahrt werden.

Gleichzeitig werden die Systeme ständig automatisch überwacht. Sobald sich etwas Ungewöhnliches zeigt, zum Beispiel viele Fehlermeldungen oder ungewöhnlich viele Anfragen, wird Alarm ausgelöst. Eine Sicherheitssoftware sammelt diese Hinweise und gibt sie weiter an das Notfallteam.

Wenn ein Vorfall passiert, bei dem persönliche Daten betroffen sein könnten, startet ein fester Ablauf. Ab dem Moment, in dem ein Risiko vermutet wird, beginnt eine 72-Stunden-Frist. Innerhalb von drei Tagen muss die zuständige Datenschutzbehörde informiert werden und wenn nötig auch die betroffenen Personen.

Damit das rechtzeitig klappt, gibt es einen klaren Notfallplan. Er regelt, wer was zu tun hat, zum Beispiel wer die Protokolle sichert, wer nach der Ursache sucht, wer die Geschäftsleitung informiert und wer die Nachricht an die Behörden vorbereitet. Dieser Ablauf wird regelmäßig geübt, zum Beispiel bei Planspielen, bei denen ein Sicherheitsvorfall nachgestellt wird.

Nur wenn Aufzeichnung, Überwachung und ein eingespielter Notfallplan gut zusammenarbeiten, kann ein Unternehmen im Ernstfall schnell, klar und gesetzeskonform reagieren. Das ist wichtig, nicht nur für die Behörden, sondern auch für die Menschen, deren Daten geschützt werden.

Organisatorische und vertragliche Maßnahmen

4

4.1 Datenschutzbeauftragter

Die Nutzung von KI in Unternehmen führt nicht automatisch zur Pflicht, einen Datenschutzbeauftragten zu benennen. Laut § 38 BDSG müssen Unternehmen einen Datenschutzbeauftragten benennen, wenn mindestens 20 Personen regelmäßig personenbezogene Daten automatisiert verarbeiten. Unabhängig von der Mitarbeitendenzahl besteht die Pflicht auch, wenn eine Datenschutz-Folgenabschätzung (DFSA) erforderlich ist oder wenn das Unternehmen personenbezogene Daten geschäftsmäßig verarbeitet, z. B. für Markt- oder Meinungsforschung (vgl. § 38 BDSG).

Die Datenschutzkonferenz hat eine „Liste der Verarbeitungstätigkeiten, für die eine DSFA durchzuführen ist" veröffentlicht. Hier wird bspw. unter Punkt elf auch das Einsatzfeld „Kundensupport mittels künstlicher Intelligenz" genannt (vgl. Bayerisches Landesamt für Datenschutzaufsicht, 2018, S. 3).

Wer die bzw. der Datenschutzbeauftragte ist, muss der jeweiligen Aufsichtsbehörde mitgeteilt werden, wenn diese bzw. dieser ernannt wird (vgl. Art. 37 Abs. 7 DSGVO). Ein Datenschutzbeauftragter muss frühzeitig in neue Projekte eingebunden werden, um sicherzustellen, dass Datenschutzanforderungen von Anfang an berücksichtigt werden (vgl. Grosmann, 2024, S. 28). Unternehmen sollten daher frühzeitig prüfen, ob ihre KI-gestützten Prozesse eine Benennungspflicht für einen Datenschutzbeauftragten auslösen.

4.2   KI-Beauftragter

Ein betriebsinterner KI-Beauftragter kann eine Schlüsselrolle bei der sicheren Implementierung und dem Betrieb von KI-Systemen übernehmen. Unter Umständen kann diese Position auch vom Datenschutzbeauftragten übernommen werden, sofern die Person über ausreichende Kompetenz in beiden Bereichen verfügt, die Aufgaben können jedoch auch getrennt wahrgenommen werden (vgl. Martini & Wendehorst, 2024, Art. 4 KI-VO Rn. 18). Wie bereits erwähnt ist die Trennung der Rollen die präferierte Variante.

Ein KI-Beauftragter kann zudem als zentrale Ansprechperson für den Einsatz, die Verwaltung und die Vergabe von KI-Zugängen im Unternehmen dienen. Dies erleichtert die Koordination zwischen Fachabteilungen, IT und Datenschutz und stellt sicher, dass KI-Systeme regelkonform genutzt werden (vgl. Mühleis & Akinci, 2024, S. 286).

4.3   Verantwortlicher und Auftragsverarbeiter

Bevor eine KI-Anwendung genutzt wird, müssen Verantwortliche klar definieren, in welchen Bereichen sie eingesetzt werden soll und welchem spezifischen Ziel sie dient. Diese präzise Zweckbestimmung ist besonders wichtig für die Einhaltung des Datenschutzes, da nur so im weiteren Verlauf geprüft werden kann, ob die Verarbeitung personenbezogener Daten tatsächlich notwendig ist, um das festgelegte Ziel zu erreichen (vgl. Konferenz der unabhängigen Datenschutzaufsichtsbehörden, 2024, S. 3).

Eine gemeinsame Verantwortlichkeit nach Art. 26 Abs. 1 DSGVO liegt vor, wenn mindestens zwei Parteien gemeinsam oder ergänzend über Zwecke und Mittel der Datenverarbeitung entscheiden, wobei ihre Verarbeitungen untrennbar miteinander verbunden sein müssen (vgl. Keber et al., 2024, S. 12). Wenn eine Organisation eine KI-Anwendung eines externen Anbieters, etwa als Cloud-Lösung, für eigene Zwecke nutzt, übernimmt der Anbieter in der Regel die Rolle eines Auftragsverarbeiters. In diesem Fall ist gemäß Art. 28 Abs. 3 DSGVO eine Auftragsverarbeitungsvereinbarung zwischen der Organisation und dem Anbieter erforderlich (vgl. Konferenz der unabhängigen Datenschutzaufsichtsbehörden, 2024, S. 9).

Wenn der Anbieter die Daten nur im Auftrag verarbeitet, handelt es sich um Auftragsverarbeitung. Werden die Daten jedoch auch zur Verbesserung der KI genutzt, besteht eine gemeinsame Verantwortung zwischen Nutzenden und Anbieter (vgl. Bolz & Schuster, 2024, S. 47 f.).

Ein Beispiel dafür ist ein KI-gestützter Kundensupport, bei dem Support-Tickets über die API eines externen Anbieters automatisch zusammengefasst werden. Wenn der Anbieter die Daten nur verarbeitet, um die Tickets im Auftrag des Unternehmens zu analysieren, liegt eine Auftragsverarbeitung vor. Nutzt der Anbieter die Daten jedoch zusätzlich zur Verbesserung seines KI-Modells, entsteht eine gemeinsame Verantwortung zwischen dem Unternehmen und dem Anbieter.

4.4 Vertragliche Absicherung und Service-Level-Anhänge

Die DSGVO unterscheidet zwischen dem Verantwortlichen (Art. 4 Nr. 7) und dem Auftragsverarbeiter (Art. 4 Nr. 8). Während der Verantwortliche über Zweck und Mittel der Datenverarbeitung entscheidet, verarbeitet der Auftragsverarbeiter Daten ausschließlich auf dessen Weisung.

Für Unternehmen, die KI-Dienste in der Cloud nutzen, ist es entscheidend, dass sie mit Anbietern zusammenarbeiten, die tatsächlich als reine Auftragsverarbeiter agieren, also keine eigenen Zwecke mit den Daten verfolgen. Sobald ein Dienstleister die verarbeiteten Daten beispielsweise auch für Modelltraining, Produktverbesserung oder Analysen im eigenen Interesse nutzt, handelt es sich nicht mehr um eine reine Auftragsverarbeitung.

Die Folge wäre, dass Unternehmen die Kontrolle über die Zwecke der Datenverarbeitung verlieren und im Zweifel Mitverantwortung für etwaige Datenschutzverstöße tragen. Es ist daher unerlässlich, dass klare vertragliche Regelungen nach Art. 28 DSGVO bestehen, die ausschließen, dass Dienstleister die Daten für eigene Zwecke verwenden. Nur so lässt sich sicherstellen, dass die Rolle als Verantwortlicher beim Unternehmen bleibt und die Datenverarbeitung im Einklang mit der DSGVO erfolgt.

Ein wichtiger Bestandteil der organisatorischen Maßnahmen ist der Auftragsdatenverarbeitungsvertrag (AVV), der gemäß Artikel 28 DSGVO erforderlich ist, wenn personenbezogene Daten durch einen Auftragsverarbeiter im Auftrag eines Verantwortlichen verarbeitet werden. Der AVV regelt die Rechte und Pflichten zwischen Verantwortlichem und Auftragsverarbeiter, einschließlich der Verpflichtung des Auftragsverarbeiters, geeignete technische und organisatorische Maßnahmen (TOM) zu implementieren (vgl. Art. 28 Abs. 3 DSGVO).

4.5　Datenschutz-Folgenabschätzung (DFSA)

Eine Datenschutz-Folgenabschätzung ist erforderlich, wenn eine geplante Verarbeitung personenbezogener Daten ein hohes Risiko für die Rechte und Freiheiten betroffener Personen birgt. Besonders relevant ist sie bei automatisierten Entscheidungen, umfangreicher Verarbeitung sensibler Daten oder Überwachung öffentlicher Bereiche (vgl. Art. 35 DSGVO). Wie bereits erläutert, führt die Pflicht zu DSFA ebenfalls zur Verpflichtung einen Datenschutzbeauftragten zu benennen (vgl. § 38 Abs. 1 BDSG).

Insbesondere neue Technologien können mit einem hohen Risiko für die Rechte und Freiheiten betroffener Personen einhergehen. In solchen Fällen ist gemäß Art. 35 Abs. 1 DSGVO eine DSFA durchzuführen, welche mögliche Auswirkungen analysiert und Maßnahmen zur Risikominimierung festlegt. Die Datenschutzkonferenz hat dazu eine Liste risikoreicher Verarbeitungstätigkeiten veröffentlicht, die als Orientierung dient (vgl. Mühleis & Akinci, 2024, S. 145 f.).

Da KI-gestützte Prozesse oft große Mengen personenbezogener Daten analysieren oder automatisierte Entscheidungen treffen, sollten Unternehmen frühzeitig prüfen, ob eine DSFA durchgeführt werden muss. Sie sollte bereits in der Planungsphase erfolgen, um spätere Korrekturen oder Rechtsverstöße zu vermeiden (vgl. Schnebbe, 2019, S. 373 f.).

Die DSFA umfasst eine Bewertung der Risiken und die Festlegung von Schutzmaßnahmen, um sicherzustellen, dass die Verarbeitung den datenschutzrechtlichen Anforderungen entspricht (vgl. Art. 35 DSGVO).

4.6　Schulungen, Awareness-Programme, Audit-Plan

In Unternehmen muss Fachkompetenz aufgebaut werden. Wer mit KI arbeitet, sollte über die notwendige Kompetenz verfügen und bei Bedarf speziell geschult werden, um eine konforme Nutzung und korrekte menschliche Aufsicht zu gewährleisten (vgl. Voigt & Hullen, 2024, S. 107). Ein Beispiel für die Risiken von KI-Systemen ist der Vorfall aus 2023, bei dem Mitarbeiter eines großen IT-Konzerns vertrauliche Informationen wie Quellcode und interne Notizen in ChatGPT eingaben. Diese Daten wurden von OpenAI gespeichert, wodurch Geschäftsgeheimnisse unkontrolliert zugänglich wurden (vgl. Mühleis & Akinci, 2024, S. 168 f.).

Schon die KI-VO verlangt, dass alle Akteure über ausreichende Kompetenz verfügen, um Risiken zu minimieren, demokratische Kontrolle zu gewährleisten und die Einhaltung rechtlicher Vorgaben sicherzustellen (vgl. Martini & Wendehorst, 2024, Art. 4 KI-VO Rn. 1). Auch die DSGVO betont die Notwendigkeit, Mitarbeitende regelmäßig zu schulen und auf das Datengeheimnis zu verpflichten, damit sie gesetzliche Vorgaben auch wirklich umsetzen können, was insbesondere bei der Verarbeitung personenbezogener Daten essenziell ist (vgl. Kneuper, 2021, S. 138 f.).

Da Mitarbeitende in der Regel keine juristische Ausbildung haben, sind Schulungen notwendig, um ihnen das notwendige Wissen zu vermitteln, damit sie die rechtlichen Anforderungen im Arbeitsalltag korrekt umsetzen können.

Praxisbeispiele 5

5.1 Vornamenprüfung

Bei vielen automatisierten Prozessen, etwa der personalisierten Ansprache in E-Mails, ist der korrekte Vorname einer Nutzerin bzw. eines Nutzers ein wichtiger Faktor. In der Praxis zeigt sich jedoch häufig, dass Vornamen bei Eingaben in Webformularen entweder fehlen, fehlerhaft sind oder in untypischer Schreibweise eingegeben werden.

Auch wenn es sich nur um eine scheinbar einfache Funktion handelt, etwa die automatische Korrektur oder Ableitung eines Vornamens, liegt hier eine Verarbeitung personenbezogener Daten vor. Damit ist die DSGVO voll anwendbar. Die Daten dürfen nur verarbeitet werden, wenn eine gültige Rechtsgrundlage vorliegt, z. B. berechtigtes Interesse nach Art. 6 Abs. 1 lit. f DSGVO. Wichtig ist, dass die Maßnahme der Nutzererwartung entspricht, gut erklärt wird (Transparenz) und technisch so umgesetzt ist, dass nur so viel wie nötig verarbeitet wird (Datenminimierung).

Die KI verarbeitet Vorname und ggf. Teile der E-Mail-Adresse, falls der Vorname aus dem Feld für den Vornamen nicht ableitbar ist. Eine DSFA kann sinnvoll oder sogar verpflichtend sein, etwa wenn große Mengen verarbeitet werden oder eine Bewertung der betroffenen Person vorliegt. Löschfristen und Pseudonymisierung sollten ebenso geregelt sein wie der Einsatz datenschutzkonformer API-Anbieter (z. B. mit EU-Rechenzentrum und AV-Vertrag nach Art. 28 DSGVO).

Die KI-VO gilt hier, denn es handelt sich um ein automatisiertes KI-System. In der Regel fällt dieses in die Kategorie der geringeren Risiken, solange keine sensiblen Merkmale analysiert oder Entscheidungen mit Rechtswirkung getroffen

© Der/die Autor(en), exklusiv lizenziert an Springer Fachmedien Wiesbaden GmbH, ein Teil von Springer Nature 2026
M. H. Dahm, M. Seiter, *Künstliche Intelligenz in der Cloud*, FOM-Edition,
https://doi.org/10.1007/978-3-658-50788-6_5

werden. Dennoch gelten die allgemeinen Pflichten. Transparenz über die Funktionsweise, Dokumentation des Zwecks und klare Kontrolle über Eingabedaten.

5.2 E-Mail-Kundensupport

Bei der automatisierten Zusammenfassung von Support-Tickets durch KI-Systeme ergeben sich besondere datenschutzrechtliche Herausforderungen. Der zentrale Anwendungsfall: Mitarbeitende im Kundenservice erhalten vorgefilterte, komprimierte Zusammenfassungen eingehender Nachrichten, um schneller reagieren zu können. Diese Zusammenfassungen sollen den Inhalt der Anfrage möglichst präzise wiedergeben, unabhängig davon, wie ausführlich oder strukturiert der Kunde sein Anliegen formuliert.

Da Kundinnen und Kunden in ihren Nachrichten beliebige personenbezogene oder sogar sensible Daten angeben können, ist die DSGVO voll anwendbar. Laut der offiziellen Liste der Datenschutzaufsichtsbehörden ist in solchen Fällen eine Datenschutz-Folgenabschätzung erforderlich, da umfangreiche Daten automatisiert analysiert werden.

Wird für die KI ein externer Cloud-Dienst außerhalb der EU genutzt, braucht es zusätzlich entweder einen Angemessenheitsbeschluss der EU-Kommission oder Standardvertragsklauseln (SCC) in Kombination mit einer Transfer-Impact-Assessment (TIA). Gerade bei offenen KI-Diensten ist letzteres oft aufwendig oder schwer umsetzbar.

Es empfiehlt sich daher der Einsatz von Anbietern wie Microsoft Azure innerhalb einer reinen EU-Region. Das ist ein mildcres Mittel im Sinne des Erwägungsgrundes 39 der DSGVO, wonach Datenverarbeitung so gestaltet sein muss, dass Risiken für die Betroffenen möglichst gering gehalten werden.

Ein einfacher, aber wirkungsvoller technischer Zwischenschritt: Schon vor der Übergabe an die KI können mit einfachen Regex-Funktionen typische personenbezogene Daten wie Telefonnummern, E-Mail-Adressen oder Namen automatisch aus dem Nachrichtentext entfernt werden. Auch der Footer, der häufig Kontaktinformationen, Rollenbezeichnungen oder Signaturen enthält (z. B. „Mit freundlichen Grüßen", Name, Firma), kann über entsprechende Muster automatisch erkannt und abgeschnitten werden, beispielsweise durch das Entfernen aller Inhalte ab einer Grußformel. Damit wird das Risiko der ungewollten Weitergabe personenbezogener Daten deutlich reduziert, ohne dass dafür bereits ein komplexes KI-Modell nötig ist.

Die KI-VO gilt zusätzlich, da ein KI-System im Einsatz ist. Bei reinen Zusammenfassungen ohne autonome Entscheidungen handelt es sich dabei in der

Regel um kein Hochrisiko-System, trotzdem gelten Dokumentations- und Transparenzpflichten.

5.3   Spracherkennung am Telefon

Immer mehr Unternehmen setzen Sprachassistenten oder KI-basierte Telefonsysteme ein, um Anrufe automatisch zu verstehen, weiterzuleiten oder erste Anliegen vorzusortieren. Dabei werden Spracheingaben technisch zwangsläufig zwischengespeichert und verarbeitet, auch wenn keine dauerhafte Speicherung erfolgt. Spätestens ab dem ersten gesprochenen Satz liegt eine Verarbeitung personenbezogener Daten im Sinne der DSGVO vor. Zusätzlich gelten Sprachdaten in der datenschutzrechtlichen Bewertung häufig als biometrische Daten, selbst wenn keine aktive Stimm-Identifikation durchgeführt wird.

Damit dürfen solche Systeme in der Regel nur eingesetzt werden, wenn die betroffene Person vor Beginn des Gesprächs ausdrücklich eingewilligt hat. Ein bloßer Hinweis genügt nicht, das Einverständnis muss freiwillig, informiert und eindeutig erfolgen, etwa durch ein aktives „Ja" oder Tastendruck. Die Datenschutzaufsichtsbehörden sehen eine Berufung auf berechtigtes Interesse hier in den meisten Fällen als unzulässig an. Zudem verlangt die DSGVO gemäß dem Transparenzprinzip (Art. 5 Abs. 1 lit. a sowie Art. 12 ff.), dass Betroffene verständlich darüber aufgeklärt werden, wie ihre Daten verarbeitet werden, insbesondere wenn KI-Systeme eingesetzt werden, die über eine bloße Datenerfassung hinausgehen und komplexe Auswertungen vornehmen.

Zusätzlich besteht für Unternehmen laut DSGVO die Pflicht zur Durchführung einer Datenschutz-Folgenabschätzung, wenn ein Sprachsystem mit automatischer Analyse, Aufzeichnung oder Transkription zum Einsatz kommt. Bereits die Kombination aus neuer Technologie, möglicher Verarbeitung biometrischer Merkmale und großem Personenkreis reicht aus, um diese Pflicht auszulösen. Die KI-VO ist ebenfalls anwendbar, da Sprachassistenten ein KI-System darstellen.

5.4   Auslastungsanzeige S-Bahn Hamburg

Ein praktisches Beispiel für den Einsatz von KI in Verbindung mit Echtzeitdaten ist das System DB Lightgate, welches bei der S-Bahn Hamburg eingesetzt wird. Hier misst eine spezielle Sensorik, Lichtschranken im Gleisbereich, die tatsächliche Auslastung einzelner Zugwagen anhand von Unterbrechungen im Lichtstrahl. Die erfassten Daten werden mithilfe von KI in Echtzeit-Prognosen umgewandelt.

Fahrgäste sehen auf dem Bahnsteig bereits fünf Stationen im Voraus, welche Wagen stark ausgelastet sind (rot), oder wo es noch freie Plätze gibt (gelb oder grün) (vgl. Deutsche Bahn AG, 2025).

Wenn ein KI-System wie DB Lightgate keine personenbezogenen Daten verarbeitet, gilt die DSGVO nicht. Das ist dann der Fall, wenn aus den erfassten Daten, z. B. Lichtunterbrechungen beim Vorbeifahren eines Zuges, keine Rückschlüsse auf einzelne Personen möglich sind. Es wird nur gemessen, wie voll ein Wagen ist, nicht, wer darin sitzt. Damit entfällt auch die Pflicht zur Datenschutz-Folgenabschätzung, zur Einwilligung oder zur Auskunft nach Art. 15 DSGVO.

Die KI-VO gilt dagegen in jedem Fall, weil es sich technisch um ein KI-System handelt. Entscheidend ist dann, ob es in eine Risikoklasse fällt. In der Praxis ist DB Lightgate sehr wahrscheinlich ein „nicht-hochrisikobehaftetes" KI-System, da es nicht über Menschen entscheidet, sondern nur technische Auslastungsdaten liefert. Dennoch gelten Grundpflichten nach Art. 5 ff. KI-VO, etwa zur Transparenz, Nachvollziehbarkeit, Dokumentation und ggf. zu freiwilliger Selbstregulierung.

5.5   Apple Intelligence

Mit Apple Intelligence bringt Apple zahlreiche KI-Funktionen direkt auf iPhone, iPad und Mac. Viele Daten werden lokal verarbeitet, komplexere Aufgaben aber über die sogenannte Private Cloud Compute. Auch wenn Apple hier auf Privacy-by-Design setzt und verspricht, keine Daten dauerhaft zu speichern, bleiben die datenschutzrechtlichen Anforderungen bei geschäftlicher Nutzung vollständig bestehen (vgl. Apple Inc, 2025a).

Wird das Gerät als Firmenhandy oder im Rahmen von „Bring Your Own Device" (BYOD) im Unternehmen eingesetzt, greift die DSGVO. BYOD bedeutet, dass Mitarbeitende ihre privaten Smartphones, Tablets oder Laptops auch für berufliche Zwecke nutzen. Auch wenn Apple verspricht, keine Daten dauerhaft zu speichern, gilt bereits die temporäre Verarbeitung personenbezogener Daten wie Kundennamen, E-Mails oder geschäftlichen Inhalten als Datenverarbeitung im Sinne der DSGVO. Für diese Verarbeitung ist zwingend eine Rechtsgrundlage erforderlich. Je nach Szenario kommt das berechtigte Interesse des Arbeitgebers, die Vertragserfüllung oder, besonders bei sensiblen Daten, die freiwillige, jederzeit widerrufbare Einwilligung in Frage.

Da Apple Intelligence teilweise eigenständig Inhalte analysiert und generiert, etwa Zusammenfassungen von Nachrichten oder E-Mails, muss das Unternehmen zudem prüfen, ob eine Datenschutz-Folgenabschätzung erforderlich ist.

Insbesondere wenn systematisch geschäftliche Inhalte oder besondere Kategorien personenbezogener Daten verarbeitet werden, ist eine DSFA Pflicht.

Auch die Datenübertragung über die Private Cloud Compute ist nicht unproblematisch. Apple ist derzeit nicht nach dem EU-U.S. Data Privacy Framework zertifiziert. Das bedeutet, es liegt kein pauschaler Angemessenheitsbeschluss für die Übermittlung von Daten in die USA vor. Unternehmen, die Apple Intelligence aktiv nutzen, müssten daher im Zweifel eigene vertragliche Absicherungen oder eine Risikoanalyse vorhalten.

Damit nicht jeder Mitarbeitende eigenständig KI-Funktionen aktivieren oder deaktivieren kann, empfiehlt sich der Einsatz eines Mobile-Device-Management-Systems. Darüber lassen sich zentral festlegen, welche Apple-Intelligence-Dienste im Unternehmen erlaubt sind, welche Funktionen bei Bedarf deaktiviert bleiben und wie die Geräte grundsätzlich konfiguriert werden, etwa hinsichtlich Sperren von Apps oder selektiver Freigabe von Kontakten.

Besonderes Augenmerk verdient die aktuell eingeführte Caller Screening Funktion (vgl. Apple Inc, 2025b). Hierbei werden eingehende Anrufe automatisch durch die KI transkribiert und analysiert, bevor das Gespräch angenommen wird. Da der Anrufer aktuell vorab nicht ausdrücklich um eine Einwilligung gebeten wird, kann diese Funktion im geschäftlichen Kontext aus Datenschutzsicht als riskant eingestuft werden. Solange keine wirksame Einwilligung des Anrufers vorliegt, droht ein Verstoß gegen die DSGVO.

Zehn Gebote für datenschutzkonforme cloudbasierte KI

Rechtsgrundlage

Jede Verarbeitung startet mit einer eindeutig dokumentierten Rechtsgrundlage nach Art. 6 DSGVO. Das Unternehmen ordnet jedem Datenfeld die passende Legitimation (z. B. Einwilligung, Vertrag, berechtigtes Interesse) zu und führt, falls erforderlich, vorab eine Datenschutz-Folgenabschätzung durch. Für jedes KI-System existiert ein Fahrplan von der Inbetriebnahme bis zur Außerbetriebsetzung.

Verträge und Rollen glasklar regeln

Aufbauend auf Zweck und Rechtsgrundlage werden mit allen Cloud-/KI-Diensten Auftragsverarbeitungsvereinbarungen geschlossen. Diese Verträge legen Pflichten, Haftung, SCC und TIA für ggf. stattfindende Drittlandtransfers sowie Audit-, Lösch- und Schlüsselmanagement-Prozesse verbindlich fest.

Drittlandtransfers prüfen und absichern

Bevor personenbezogene Daten in Länder außerhalb der EU übertragen werden, prüfen Unternehmen zunächst, ob eine vergleichbare EU-Lösung genutzt werden kann. Ist ein Transfer ins Ausland unvermeidbar, müssen Schutzmechanismen eingesetzt werden. Der Dienst startet erst, wenn das dokumentierte Restrisiko vertretbar ist.

Datenminimierung

Die Verarbeitung erhebt, überträgt und speichert nur die Attribute, die für den definierten Zweck notwendig sind. Überflüssige Felder werden pseudonymisiert, anonymisiert oder gar nicht erst erfasst. Regelmäßige Reviews halten den Datenbestand schlank.

M. H. Dahm, M. Seiter, *Künstliche Intelligenz in der Cloud*, FOM-Edition, https://doi.org/10.1007/978-3-658-50788-6_6

Transparenz auf drei Ebenen

Vor dem Go-Live stellen Verantwortliche gestufte Informationen bereit. Einen Kurzhinweis im Front-End, eine ausführliche Datenschutzerklärung und eine technische Dokumentation für Auditoren. So wird Art. 12–14 DSGVO erfüllt und Verantwortliche schaffen Vertrauen bei Nutzern wie Aufsichtsbehörden.

Betroffenenrechte operationalisieren

(Automatisierte) Workflows gewährleisten, dass Auskunfts-, Lösch-, Berichtigungs- und Widerspruchsanträge fristgerecht bearbeitet werden. Ticket-Systeme, Löschroutinen und rollenbasierte Zugriffe machen jeden Schritt nachvollziehbar.

RAG vor Finetuning

Standardmäßig nutzen Verantwortliche Retrieval-Augmented Generation (RAG).[1] Personenbezogene Inhalte liegen in einer versionierten Wissensdatenbank und bleiben aus den Modellgewichten herauslösbar. Klassisches Finetuning wird nur mit anonymen bzw. synthetischen Daten als begründete Ausnahme angewandt.

Menschliche Aufsicht verankern

Bei Entscheidungen mit rechtlichen oder erheblichen faktischen Folgen bleibt stets ein „Human-in-the-Loop". Verantwortliche definieren klare Eskalationspfade, protokollieren jede Freigabe und erfüllen damit Art. 22 DSGVO sowie die Risikopflichten der KI-VO.

Kompetenz und Governance etablieren

Eine verbindliche KI-Richtlinie, die klare Trennung von Datenschutz- und KI-Beauftragtem sowie wiederkehrende Schulungen verhindern Schatten-IT und Jailbreak-Fehler. Zudem sorgt eine gut definierte Governance-Struktur dafür, dass Verantwortlichkeiten klar geregelt sind und Kompetenzen im Umgang mit KI systematisch aufgebaut werden. Essenziell sind Whitelists, welche KI-Systeme im Unternehmen genutzt werden dürfen, sowie klare Regelungen, dass keine KI-Lösungen ohne ausdrückliche Freigabe von KI- und Datenschutzbeauftragten eingeführt oder verwendet werden dürfen.

---

[1] KI-Methode, bei der Sprachmodelle ihre Antworten aus einer separaten Wissensdatenbank abrufen, statt ausschließlich aus eigenem Training. Personenbezogene Daten können gezielt bearbeitet oder gelöscht werden, was Datenschutzanforderungen wie Auskunfts- und Löschrechte erheblich vereinfacht.

Risiko-Radar und Incident-Response aktiv halten
Kontinuierliche DSFA/TIA-Reviews, zentrales Log-Monitoring und ein geübter 72-h-Meldeplan sorgen dafür, dass neue Risiken früh erkannt und Verstöße fristgerecht gemeldet werden.

Schritte zur Einhaltung der Datenschutzanforderungen
Die Abb. 6.1 zeigt einen klar strukturierten Entscheidungsbaum, der dabei unterstützt, datenschutzrechtliche Anforderungen bei der Verarbeitung personenbezogener Daten systematisch zu prüfen. Er führt Schritt für Schritt durch wichtige Fragestellungen, von der Prüfung der Rechtsgrundlage über Drittlandtransfers bis hin zur DFSA und technischen Schutzmaßnahmen.

In der Praxis erleichtert dieses Instrument die Einhaltung komplexer Datenschutzvorgaben und minimiert das Risiko von Verstößen.

Abb. 6.1 Entscheidungsbaum zur datenschutzkonformen Verarbeitung personenbezogener Daten

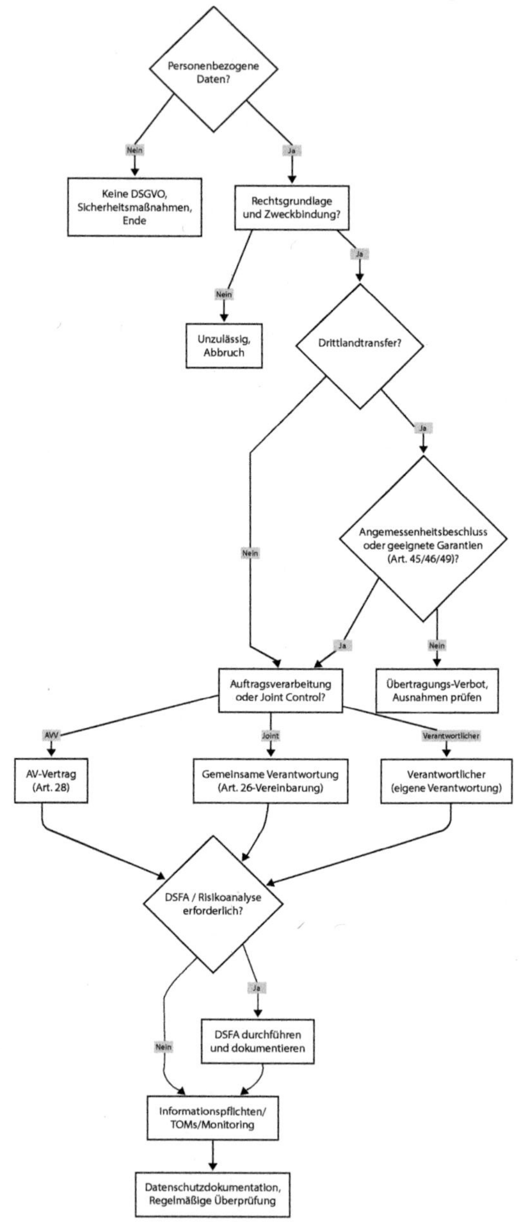

Fazit und Ausblick

7

Die Entwicklung und öffentliche Bereitstellung großer KI-Sprachmodelle[1] und Anwendungen zeigt, wie schwierig es ist, technische Fortschritte vorauszusagen. Vor zehn Jahren hätte kaum jemand die heutigen Fähigkeiten dieser Modelle erwartet (vgl. Noack & Sanner, 2023, S. 309). Diese Dynamik verdeutlicht, dass der technologische Fortschritt oft in Sprüngen verläuft, ähnlich wie in den 1990er-Jahren, als die Telekom durch eine Senkung der ISDN-Gebühren einen massiven Anstieg der Nutzerzahlen gewann (vgl. Gates et al., 1995, S. 340 f.).

Der technologische Fortschritt eröffnet neue Möglichkeiten, bringt aber auch Herausforderungen im Datenschutz und in der ethischen Verantwortung mit sich. Unternehmen müssen die Chancen der KI-Nutzung mit den strengen Vorgaben der DSGVO in Einklang bringen.

Sie müssen nicht nur klären, ob eine Anwendung datenschutzkonform genutzt werden kann, sondern insbesondere wie eine solche Nutzung konkret gestaltet werden muss. Die Datenschutzgrundverordnung gibt hierfür klare Leitlinien vor, stellt Unternehmen aber gleichzeitig vor erhebliche Herausforderungen, insbesondere im Bereich der Transparenz, der Datenminimierung und der sicheren Verarbeitung in Drittstaaten.

Ein zentraler Bestandteil der Lösung ist die systematische Durchführung einer Datenschutz-Folgenabschätzung, die es ermöglicht, Risiken frühzeitig zu identifizieren und geeignete Schutzmaßnahmen abzuleiten. In der KI-Praxis ist diese fast immer erforderlich.

---

[1] Ein Large Language Model (LLM) ist ein sehr großes neuronales Sprachmodell, das mit Milliarden von Textbeispielen trainiert wurde; es erzeugt oder analysiert Sprache, ohne über eigenes Bewusstsein zu verfügen.

Was Sie aus diesem Band der FOM-Edition Kompakt mitnehmen können

- Funktionsweise cloudbasierter KI-Systeme – technisch, rechtlich und organisatorisch
- Praktische Umsetzung datenschutzrechtlicher Anforderungen der DSGVO und der KI-VO
- Sichere Identifikation von Risiken wie Intransparenz, unklare Verantwortlichkeiten oder Drittlandtransfers
- Konkrete Maßnahmen zur Pseudonymisierung, Verschlüsselung und sicheren Modellnutzung kennengelernt
- Rechtskonforme Auswahl und vertragliche Absicherung geeigneter Cloud- und KI-Dienstleister
- Notwendigkeit einer Datenschutz-Folgenabschätzung
- Sinnvoller Einsatz organisatorischer Strukturen wie Datenschutz- oder KI-Beauftragte
- Praxisbeispiele, wie KI und Datenschutz in Unternehmen zusammengebracht werden können
- Entscheidungsbaum, der Sie bei der Planung eigener cloudbasierter KI-Vorhaben unterstützt
- Realistisches Bild, was „datenschutzkonforme KI" wirklich bedeutet, jenseits von Marketingversprechen

Literatur

Apple Inc. (2025a). *Apple Intelligence und Datenschutz auf dem iPhone.* https://support. apple.com/de-de/guide/iphone/iphe3f499e0e/ios. Zugegriffen am 17.07.2025.

Apple Inc. (2025b). *Apple elevates the iPhone experience with iOS 26.* https://www.apple.com/ cm/newsroom/2025/06/apple-elevates-the-iphone-experience-with-ios-26/. Zugegriffen am 17.07.2025.

Ballestrem, J. G., Bär, U., Gausling, T., Hack, S., & von Oelffen, S. (2020). *Künstliche Intelligenz.* Springer Fachmedien.

Bayerisches Landesamt für Datenschutzaufsicht. (2018). *Liste der Verarbeitungstätigkeiten, für die eine DSFA durchzuführen ist.* https://www.lda.bayern.de/media/dsfa_muss_liste_ dsk_de.pdf. Zugegriffen am 02.03.2025.

Block, M. (2023). *Deepfakes und Recht.* Springer.

Bolz, T., & Schuster, G. (2024). *Generative Künstliche Intelligenz in Marketing und Sales.* Springer Fachmedien.

Buchenau, M. (2024). Serie KI im Mittelstand: Ein Beifahrer namens Pico – Warum Würth KI-Assistenten nutzt. *Handelsblatt.*

Bundesnetzagentur. (2025). *Verbotene Praktiken.* https://www.bundesnetzagentur.de/DE/ Fachthemen/Digitales/KI/8_VerbotenePraktiken/start.html. Zugegriffen am 27.07.2025.

Buxmann, P., & Schmidt, H. (2021). *Künstliche Intelligenz.* Springer.

Dahm, M. H., & Twesten, N. (2023). *Der Artificial Intelligence Act als neuer Maßstab für künstliche Intelligenz.* Springer Fachmedien.

Deutsche Bahn AG. (2025). *Verbesserte Informationen für Fahrgäste dank KI: Echtzeit-Prognose zur Auslastung der Züge.* https://www.deutschebahn.com/de/presse/presse-regional/pr-hamburg-de/aktuell/presseinformationen-regional/Verbesserte-Informationen-fuer-Fahrgaeste-dank-KI-Echtzeit-Prognose-zur-Auslastung-der-Zuege-13404630. Zugegriffen am 17.07.2025.

Frank, R., Schumacher, G., & Tamm, A. (2019). *Cloud-Transformation.* Springer Fachmedien.

Gates, B., Myhrvold, N., & Rinearson, P. (1995). *Der Weg nach vorn – Die Zukunft der Informationsgesellschaft*. Hoffmann und Campe.

Gillhuber, A., Kauermann, G., & Hauner, W. (2023). *Künstliche Intelligenz und Data Science in Theorie und Praxis*. Springer.

Globocnik, J. (2024). *DSGVO und AI Act: Gemeinsamkeiten und Unterschiede | activeMind. legal*. https://www.activemind.legal/de/guides/dsgvo-ai-act/. Zugegriffen am 25.01.2025.

Grosmann, P. (2024). *Die Interessenkonflikte der betrieblichen und behördlichen Datenschutzbeauftragten*. Springer.

Heinlein, M., & Huchler, N. (2024). *Künstliche Intelligenz, Mensch und Gesellschaft*. Springer Fachmedien.

Hilchenbach, L., & Dimov, V. (2023). *KI und die DSGVO | HÄRTING Rechtsanwälte*. https://haerting.de/wissen/ki-und-die-dsgvo/. Zugegriffen am 31.12.2024.

Holzki, L. (2024). KI-Briefing: Wie deutsche Industriekonzerne mit KI zum Softwareanbieter werden. *Handelsblatt*.

Keber, T., Wacke, J., Herzog, Y., Kicherer, W., Meding, K., Nägele, P. Maslewski, D., Rembold, J., Skobel, E., & Steinbrück, A. (2024). *Diskussionspapier: Rechtsgrundlagen im Datenschutz beim Einsatz von Künstlicher Intelligenz – Wann und wie dürfen personenbezogene Daten für das Training und die Anwendung von Künstlicher Intelligenz verarbeitet werden?*

Knees, L. (2024). KI: Füttert Ihr Chef schon den Bot, der Sie ersetzt? Das raten Experten jetzt. *Handelsblatt*.

Kneuper, R. (2021). *Datenschutz für Softwareentwicklung und IT*. Springer.

Konferenz der unabhängigen Datenschutzaufsichtsbehörden. (2024). *Orientierungshilfe der Konferenz der unabhängigen Datenschutzaufsichtsbehörden des Bundes und der Länder vom 6. Mai 2024 – Künstliche Intelligenz und Datenschutz, Version 1.0*.

Krämer, A., & Mauer, R. (2023). *Datenschutz für Entscheider in Marketing und Vertrieb*. Springer Fachmedien.

Kreutzer, R. T. (2023). *Künstliche Intelligenz verstehen*. Springer Fachmedien.

Lightcap, B. (2025). *How we're responding to The New York Times' data demands in order to protect user privacy*. https://openai.com/index/response-to-nyt-data-demands/. Zugegriffen am 13.07.2025.

Lissen, N., Brünger, C., & Damhorst, S. (2014). *IT-Services in der Cloud und ISAE 3402*. Springer.

Martini, M., & Wendehorst, C. (2024). *KI-VO: Verordnung über Künstliche Intelligenz*. C. H. Beck.

Mühleis, N., & Akinci, N. (2024). *Rechtsleitfaden KI im Unternehmen*. Rheinwerk Computing.

Müller-Peltzer, P. (2018). *Künstliche Intelligenz – trotz DSGVO ein Markt der Zukunft?* https://www.srd-rechtsanwaelte.de/blog/kuenstliche-intelligenz-dsgvo. Zugegriffen am 02.03.2025.

Noack, P., & Sanner, S. (2023). *Künstliche Intelligenz verstehen – Eine spielerische Einführung* (2. Aufl.). Rheinwerk/Rheinwerk Computing.

Petersen, E. (2024). *EU-Kommission kündigt neue Standardvertragsklauseln an | HÄRTING Rechtsanwälte*. https://haerting.de/wissen/eu-kommission-kuendigt-neue-standardvertragsklauseln-an/. Zugegriffen am 02.03.2025.

Rossow, O. (2024). Nutzung der KI – die Aufsichtsbehörden geben Hinweise. *datenschutz notizen | News-Blog der DSN GROUP*. https://www.datenschutz-notizen.de/nutzung-der-ki-die-aufsichtsbehoerden-geben-hinweise-4848292/. Zugegriffen am 13.07.2025.

Schnebbe, M. (2019). *DSB-Bestellpflicht und Datenschutzfolgeabschätzung* (43. Jg., Nr. 6, S. 373–374). Datenschutz und Datensicherheit – DuD.

Seitz, M. (2023). *Die Datenschutzgrundverordnung*. Springer Fachmedien.

Simitis, S., Hornung, G., & Spiecker, I. (2025). *Datenschutzrecht*. Nomos.

Stowasser, S. (2023). *Künstliche Intelligenz (KI) und Arbeit*. Springer.

Strümke, I. (2024). *Künstliche Intelligenz – Wie sie funktioniert und was sie für uns bedeutet*. Rheinwerk Computing.

Voigt, P., & Hullen, N. (2024). *Handbuch KI-Verordnung*. Springer.

Voigt, P., & von dem Bussche, A. (2024). *EU-Datenschutz-Grundverordnung (DSGVO)*. Springer.

Wendt, D. H., Wendt, J., & DIN e. V. (2024). *Das neue Recht der Künstlichen Intelligenz: Artificial Intelligence Act (AI Act)* (S. 1). DIN Media GmbH.